Kreatives und künstlerisches Gestalten
in Freizeit und Beruf – dafür steht der Name
Christophorus
seit mehr als 30 Jahren.
Genauso wie dieser Band ist jedes
CHRISTOPHORUS-BUCH
mit viel Sorgfalt erarbeitet:
Damit Sie Spaß und Erfolg beim Gestalten
haben – und Freude an unverwechselbaren
Ergebnissen.

Window Color Weihnachtszeit

Neue zauberhafte Motive

Mit Vorlagen in Originalgröße

CHRISTOPHORUS

Inhalt

Weihnachtsschmuck

Wenn es draußen winterlich wird, ist es um so schöner, es zu Hause warm und heimelig zu haben – mit Kerzenlicht, Tannensträußen, selbstgestalteten Dekorationen und stimmungsvollem Fensterschmuck. Und bald beginnt die Advents- und Weihnachtszeit.

Mit den beliebten Window-Color-Farben, die mit durchscheinendem Licht prächtig leuchten, kann man diese besondere Weihnachtsstimmung sehr gut einfangen. Die vielen Farbtöne und zusätzlichen Deko-Elemente wie Sternchen und Glasperlen, Glitzer und Flimmer bieten eine große Vielfalt an Gestaltungsmöglichkeiten.

Die Technik ist ganz leicht, einfach aus der Flasche auf Folie gemalt, können die Kunstwerke nach dem Trocknen selbsthaftend angebracht werden.

Für die Weihnachtszeit lassen sich viele ansprechende Motive gestalten: Kerzen und Weihnachtsgirlanden, ein singender Bären-Chor sowie Engelchen und natürlich Weihnachtsmänner und Nussknacker, Schneemänner, Pinguine und Eisbären. So wird es zu Hause rundum weihnachtlich!

Auch auf Kugeln, als stimmungsvolle Windlichter oder an Fensterbäumen kommen die Window-Color-Motive gut zur Geltung. Als persönliches Weihnachtsgeschenk werden sie immer willkommen sein.

Eine friedliche und harmonische Weihnachtszeit wünschen Ihnen die Autorinnen!

Siehe Seite 20

So gehts

Siehe Seite 20

1 Das Motiv von der Vorlage abpausen oder fotokopieren und unter eine Folie legen. Für kleinere Motive eignen sich Prospekthüllen in DIN A4 oder DIN A3, in die das Motiv rutschfest eingelegt werden kann. Für größere Motive können Sie Folie von der Rolle verwenden, die im Fachhandel erhältlich ist. Die Umrisse mit Konturenfarbe direkt aus der Tube, mit einer aufgesteckten Maldüse (0,5 - 0,9 mm ø, für feinere Konturen) oder mit einem speziellen Konturenliner (Airliner) auftragen. Dabei die Spitze etwas anheben und die Farbe herauslaufen lassen. Diesen Farbstrang der Linie entlang führen und am Ende der Linie ablegen. Die aufgetragene Kontur etwa sechs Stunden trocknen lassen. Feine Ergänzungen nach dem Trocknen mit Lackstift vornehmen. Unschöne Konturen können ebenfalls mit Lackstift übermalt oder ergänzt werden.

2 Nun die Flächen innerhalb der Konturen, auch direkt aus der Tube, deckend und gleichmäßig ausmalen. Auch dieses geht leichter mit dem Airliner: Bei größeren Flächen wird der Farbauftrag gleichmäßiger. Zuerst die Farbe an der Kontur entlang auftragen, damit eine feste Verbindung entsteht. Dann das ganze Feld ausfüllen. Luftblasen aufstechen. Die Farbe mit einem Holzstäbchen gleichmäßig verstreichen. Die Farbe nicht zu dünn auftragen, sonst kann das Bild zerreißen, wenn Sie es von der Folie abziehen. Wenn die Farben dicker aufgetragen werden, wirken sie dunkler. Die Farben sind zunächst milchig und werden nach dem Trocknen, nach etwa 24 Stunden, transparent und leuchtend. Nun kann das Motiv vorsichtig von der Folie gelöst und am Fenster, auf Kacheln oder Spiegeln angebracht werden.

Tipps & Tricks

■ Nur auf Spezialfolien oder Folien aus Polyethylen (PE) oder Polypropylen (PP) malen. Von anderen Folien lässt sich das fertige Motiv nicht wieder ablösen. PVC-Folien sind ungeeignet! Im Fachhandel werden Malunterlagen in verschiedenen Größen angeboten.

■ Möchten Sie Ihre Meisterwerke oft ablösen und an anderer Stelle anbringen oder verschenken, so ist es ratsam, die Motive mit einer selbstklebenden Folie, die zu dieser Technik extra angeboten wird, zu versehen. Das fertige Bild wird auf der Folie festgedrückt und mit einem Rand von etwa 5 mm ausgeschnitten.

■ Von Mobile- oder Windradfolien (0,2 mm oder 0,4 mm stark) können die Motive nicht abgelöst werden. Diese Folien werden, wie der Name sagt, für Mobiles verwendet oder auch zur Stabilisierung. Die Bilder entweder direkt auf diesen Folien malen oder nach dem Trocknen darauf anbringen. In beiden Fällen wird das Motiv entlang der Kontur ausgeschnitten. Mit diesen Folien können Sie von allen Motiven Mobiles anfertigen. Die Bilder werden mit dünnen Perlonfäden aufgehängt.

Konturenauftrag

■ Der Auftrag der Konturen erfordert etwas Übung. Wichtig ist der gleichmäßige Druck auf die Flasche. Bei zu schnellem Auftrag wird der Strich zu dünn, bei zu langsamem zu dick. Die Linie ziehen und nicht schieben.

Farbauftrag

■ Zuviel oder falsch aufgetragene oder über die Kontur hinausgeflossene Farbe mit einem Wattestäbchen oder Papiertuch aufnehmen.

■ Glatte Farbflächen gelingen, wenn Sie nach einem satten Farbauftrag größere Luftblasen sofort mit einer Nähnadel zerstechen und eine Stick- oder Prickelnadel mit Hin- und Herbewegungen durch die Farbfläche ziehen. Die dadurch an die Oberfläche tretenden kleineren Luftblasen ebenfalls mit einer spitzen Nadel zerstechen.

■ Besondere Effekte erzielen Sie durch Vermischen der Farben oder durch Abschattieren. Mit einem Zahnstocher oder einer Nadel lassen sich die Farben direkt im Motiv ineinander ziehen oder vermischen. Größere Farbmengen können auch in einer leeren Farbflasche gemischt werden. Dabei nicht schütteln, sondern rühren, da sonst zu viele Luftblasen entstehen.

■ Vor dem Anbringen der Window-Color-Bilder sollten Sie Ihre Fenster mit Essigwasser reinigen. So löst sich das Werk später besser ab. Putzen Sie Ihre Fenster dann wie gewohnt. Das Window-Color-Bild muss hierzu nicht entfernt werden. Wenn die Sonne scheint oder wenn es kalt ist, lassen sich die Motive manchmal schlecht ablösen. In diesem Fall befeuchten Sie das Fensterbild gründlich mit warmem Wasser.

Lieber Nikolaus

Kontur

- Schwarz
- Flitter-Gold
- Reinweiß

Farben

- Himbeere
- Fuchsia
- Hautfarbe
- Orientblau
- Saphir
- Apfelgrün
- Blattgrün
- Bernstein
- Cognac
- Nougat
- Weiß
- Schwarz

Zusätzlich

- Stabile Folie
- Perlonfaden

Vorlagen

A1 und **A2**
Seite 62/63

Für den Bart mit einer Nadel im nassen Zustand Weiß mit etwas Schwarz kreisförmig miteinander mischen.

Weih-
nachtslok

Kontur
- Schwarz
- Flitter-Silber

Farben
- Citron
- Erdbeer
- Brombeer
- Holunder
- Orientblau
- Saphir
- Blattgrün
- Apfelgrün
- Nougat
- Weiß
- Schwarz

Vorlagen
B1 bis **B3**
Seite 64/65

Für den Rauch etwas Flitter-Silber mit einer Nadel in die nasse blaue Farbe mischen.

Bären-Chor

Kontur
- Schwarz

Farben
- Goldgelb
- Orange
- Signalrot
- Diamantblau
- Royalblau
- Türkis
- Grün
- Bernstein
- Hellbraun
- Schwarz
- Glitzer-Gold
- Weiß
- Weiß irisierend

Zusätzlich
- Dekosternchen

Vorlagen
C und **N2**
Seite 64/65
Vorlagebogen

Feine Karos und Streifen nach dem Trocknen mit Konturenpaste oder mit dem Lackmalstift aufmalen. Dekosternchen auf dem noch feuchten Untergrund anordnen.

Weih-nachts-maus

Kontur
- Schwarz

Farben
- Strohgelb
- Gold
- Fleischfarbe
- Rubinrot
- Signalrot
- Himbeer
- Holunder
- Blauviolett
- Royalblau
- Orientblau
- Grasgrün
- Glitzer-Violett
- Glitzer-Gold
- Glitzer-Rot
- Kristallklar
- Crystal
- Frost
- Weiß
- Mausgrau

Zusätzlich
- Sterne in Gold
- Perlen in Gold, Blau
- Glimmer in Weiß

Vorlagen
D1 und **D2**
Seite 66/67

Weihnachtsbaum

Kontur

- Schwarz
- Farblos transparent

Farben

- Citron
- Strohgelb
- Gold
- Hautfarbe
- Himbeer
- Saphirblau
- Orientblau
- Himmelblau
- Blattgrün
- Dunkelgrün
- Bernstein
- Cognac
- Glitzer-Gold
- Hellgrau
- Crystal
- Frost
- Weiß
- Schwarz

Zusätzlich

- Sterne in Blau, Rot, Gold
- Perlen in Gold
- Brillantglimmer in Gold
- Goldkette, 1 m

Vorlagen

E1 bis **E3**
Seite 68/69

Die Kettengirlande auf transparenter Kontur fixieren. Von der Goldkette die einzelnen Abschnitte abschneiden und leicht andrücken.

Weihnachtsmann

Kontur
- Schwarz

Farben
- Sonnengelb
- Rubinrot
- Royalblau
- Diamantblau
- Bernstein
- Glitzersilber
- Schneeweiß

Zusätzlich für Niko auf dem Elch
- Strohgelb
- Hautfarbe
- Himbeer
- Brombeer
- Grasgrün
- Cognac
- Nougat
- Weiß
- Schwarz

Zusätzlich für Niko im Flieger
- Nachtblau
- Grün
- Rehbraun

Zusätzlich für Schneemänner
- Rosa
- Orange
- Frost

Vorlagen
F1 bis **F5**
Seite 70/71

Abbildung Schneemänner Seite 8

Winterzeit

Schneemänner

Kontur

- Schwarz

Farben

- Strohgelb
- Pfirsich
- Himbeere
- Diamantblau
- Blattgrün
- Nougat
- Glitzer-Diamantblau
- Perlmutt-Atoll
- Schwarz

Vorlagen

G1 und **G2**
Seite 72/73

Eisbären

Kontur
- Schwarz

Farben
- Rosa
- Rubinrot
- Diamantblau
- Frost
- Schneeweiß

Vorlagen
H1 und **H2**
Seite 72/73

Pinguine

Kontur
- Schwarz

Farben
- Sonnengelb
- Orange
- Frost
- Rubinrot
- Diamantblau
- Nachtblau
- Royalblau
- Grün
- Schneeweiß
- Schwarz

Vorlagen
I1 bis **I3**
Seite 74

Rabe & Gans

Kontur

- Schwarz

Farben

- Sonnengelb
- Gold
- Himbeer
- Rubinrot
- Pfirsich
- Orange
- Diamantblau
- Royalblau
- Hellgrau
- Crystal
- Kristallklar
- Weiß
- Schwarz

Zusätzlich

- Glimmer in Weiß
- Perlen in Blau

Vorlagen

J1 bis **J3**
Seite 75

Vom Himmel hoch

Mit Fallschirm

Kontur
- Schwarz
- Flitter-Gold

Farben
- Strohgelb
- Hautfarbe
- Himbeere
- Samtblau
- Blattgrün
- Nougat
- Crystal
- Weiß

Vorlagen
K1 bis **K3**
Seite 76/77

Bärchen

Kontur

- Schwarz

Farben

- Sonnengelb
- Orange
- Rosa
- Rubinrot
- Diamantblau
- Maigrün
- Bernstein
- Rehbraun
- Schneeweiß

Vorlagen

L1 bis **L4**
Seite 76/77

Engel auf Wolken

Kontur

- Schwarz

Farben

- Sonnengelb
- Orange
- Fleischfarbe
- Rubinrot
- Nachtblau
- Royalblau
- Grün
- Schneeweiß

Zusätzlich

- Dekosternchen
- Transparent-Nähfaden

Vorlagen

M1 und **M2** Vorlagebogen

Engel-Mobile

Kontur

- Schwarz

Farben

- Goldgelb
- Fleischfarbe
- Mohnrot
- Diamantblau
- Glitzer-Gold
- Glitzer-Rot
- Perlmutt-Atoll
- Bernstein
- Schneeweiß
- Schwarz

Zusätzlich

- feiner Perlonfaden
- Windradfolie, 0,4 mm

Vorlagen

N1 und **N2** Vorlagebogen

Für Mond und Sterne Goldgelb und Glitzer-Gold zusammen auftragen und ineinander verziehen.

Die Motive direkt auf Windradfolie malen oder nach dem Trocknen darauf anbringen. An der Kontur entlang ausschneiden.

Die Sterne mit Perlonfaden und Nadel mit dem Mond verbinden.

Sterne

Kontur

- Glitzer-Silber

Farben

- Sonnengelb
- Pastell-Gelb
- Diamantblau
- Royalblau
- Glitzer-Silber

Vorlagen

01 bis **08**
Vorlagebogen

Schöne Weihnachtszeit

Frohes Fest

Kontur

- Schwarz

Farben

- Gold
- Goldgelb
- Orange
- Fleischfarbe
- Signalrot
- Royalblau
- Grün
- Bernstein
- Hellbraun
- Glitzer-Gold
- Perlmutt-Flitter
- Hellgrau
- Weiß irisierend
- Schneeweiß
- Schwarz

Vorlage **P**

Vorlagebogen

Wunsch-liste

Kontur
- Schwarz
- Gold

Farben
- Strohgelb
- Gold
- Hautfarbe
- Himbeer
- Erdbeer
- Himmelblau
- Dunkelgrün
- Cognac
- Nougat
- Glitzer-Gold
- Hellgrau
- Crystal
- Weiß
- Schwarz

Zusätzlich
- Glimmer in Weiß
- Adhäsionsfolie, selbsthaftend für den Tannenzweig

Vorlagen
Q1 bis **Q3** Vorlagebogen

Zusammen mit der Kontur den braunen Zweig auftragen. Erst nach dem Trocknen die Nadeln malen.

Schlittenfahrt

Kontur
- Bleifarbig
- Flitter-Gold

Farben
- Sonnengelb
- Gold
- Magenta
- Dunkelrot
- Royalblau
- Moosgrün
- Grün
- Bernstein
- Hellbraun
- Rehbraun
- Mausgrau
- Glitzer-Orchidee
- Glitzer-Gold
- Pastell-Weiß
- Pastell-Gelb
- Schneeweiß
- Schwarz

Vorlagen
R1 bis **R3**
Vorlagebogen

Mausgrau mit Glitzer-Orchidee mischen. Für die Zügel Flitter-Gold-Kontur etwa 50 cm lang auftragen und auf dem getrockneten Bild anbringen.

Weihnachtsgirlande

Kontur
- Schwarz

Farben
- Goldgelb
- Orange
- Dunkelrot
- Maigrün
- Grün
- Glitzer-Rot
- Glitzer-Blau
- Glitzer-Gold

Zusätzlich
- Dekosternchen
- Lackstift in Gold

Vorlagen
S1 und **S2**
Vorlagebogen

Glitzer-Gold mit Goldgelb vermischen. Sternchen in die noch feuchte Farbe einstreuen. Konturen teilweise mit goldenem Lackstift nachmalen.

Kerzen

Kontur
- Bleifarbig

Farben
- Sonnengelb
- Goldgelb
- Rosé
- Mohnrot
- Dunkelrot
- Maigrün
- Glitzer-Gold
- Kristallklar
- Schneeweiß

Vorlagen
T1 und **T2**
Vorlagebogen

Mistel-
zweig

Kontur
- Flitter-Silber
- Schwarz

Farben
- Sonnengelb
- Pastell-Gelb
- Orange
- Kischrot
- Magenta
- Diamantblau
- Nachtblau
- Moosgrün
- Maigrün
- Olivgrün
- Grün
- Mausgrau
- Gold
- Glitzer-Gold
- Glitzer-Orchidee
- Kristallklar
- Schneeweiß

Zusätzlich
- Glimmer in Gold

Vorlagen
U1 und **U2**
Vorlagebogen

Für die Beeren des Mistelzweiges ein wenig Pastellgelb mit Kristallklar mischen. Bei der Kerze Goldstreu in die nasse Farbe streuen.

Sternen-lichter

Kontur
- Schwarz
- Rot
- Flitter-Silber

Farben
- Diamantblau
- Glitzer-Diamant-blau
- Glitzer-Silber
- Kristallklar

Vorlagen
V1 und **V2**
Vorlagebogen

Winter-
land-
schaft

Kontur

- Schwarz
- Bleifarbig

Farben

- Sonnengelb
- Orange
- Kirschrot
- Dunkelrot
- Magenta
- Moosgrün
- Bernstein
- Rehbraun
- Hellbraun
- Dunkelbraun
- Weiß irisierend
- Schneeweiß
- Schwarz

Vorlagen

W1 bis **W3**
Vorlagebogen

Geschenk-dosen

Kontur
- Schwarz

Farben
- Goldgelb
- Gold
- Orange
- Fleischfarbe
- Signalrot
- Royalblau
- Diamantblau
- Türkis
- Grün
- Maigrün
- Bernstein
- Hellbraun
- Glitzer-Gold
- Glitzer-Diamant
- Weiß irisierend
- Schneeweiß
- Schwarz

Zusätzlich
- Dekosternchen
- Perlmutt-Flimmer
- Kunststoffdosen, quadratisch, 75 x 75 x 50 mm
- Lackmalstift in Gold

Vorlagen
X1 bis **X9**
Vorlagebogen

Die Motive nach dem Trocknen auf den Dosen anbringen.

Weihnachtskugeln

Kontur

- Schwarz
- Silber

Farben

- Goldgelb
- Fleischfarbe
- Signalrot
- Dunkelrot
- Diamantblau
- Grün
- Bernstein
- Hellbraun
- Kupfer
- Perlmutt-Flitter
- Glitzer-Gold
- Glitzer-Rot
- Glitzer-Grün
- Frost
- Weiß irisierend
- Schneeweiß

Zusätzlich

- Perlmutt-Flimmer
- Glaskugeln, 12 mm ø, 14 mm ø

Vorlagen

Y1 bis **Y8**
Vorlagebogen

Die Motive nach dem Trocknen auf den Kugeln fixieren. Durch Handwärme dehnen sich die Motive und lassen sich problemlos auch auf Rundungen anbringen. Eissterne mit Frost und Perlmutt-Flimmer gestalten.

Fenster-bäume

Bunter Baum

Kontur
- Schwarz

Farben
- Sonnengelb
- Fleischfarbe
- Kirschrot
- Royalblau
- Maigrün
- Bernstein
- Rehbraun
- Glitzer-Orchidee
- Glitzer-Blau
- Glitzer-Grün
- Glitzer-Gold
- Weiß irisierend
- Schwarz

Zusätzlich
- Fensterbaum in Rot angemalt
- Windradfolie, 4 mm
- Nylonfaden
- Dekoband in Rot
- Tannengirlande
- Dekosternchen
- Glaskügelchen

Vorlagen **Z1**
Vorlagebogen

Pailletten und Glaskügelchen am besten mit einer Pinzette in die frische Farbe legen. Die Motive auf Folie anbringen, ausschneiden und mit Nylonfaden am Fensterbaum aufhängen.

Engel

Kontur
- Schwarz

Farben
- Sonnengelb
- Fleischfarbe
- Glitzer-Rot
- Glitzer-Gold
- Glitzer-Orchidee
- Glitzer-Blau

Zusätzlich
- Fensterbaum in Natur
- Windradfolie, 4 mm
- Goldfaden
- Sternchengirlande

Vorlagen **Z2**
Vorlagebogen

Fertige Engel auf stabiler Folie anbringen, genau an äußerer Kontur ausschneiden und mit der Lochzange (kleinster Durchmesser) lochen. Goldfaden durchziehen, verknoten. Fensterbaum mit Sternengirlande umwickeln und Engelchen aufhängen.

Vorlagen

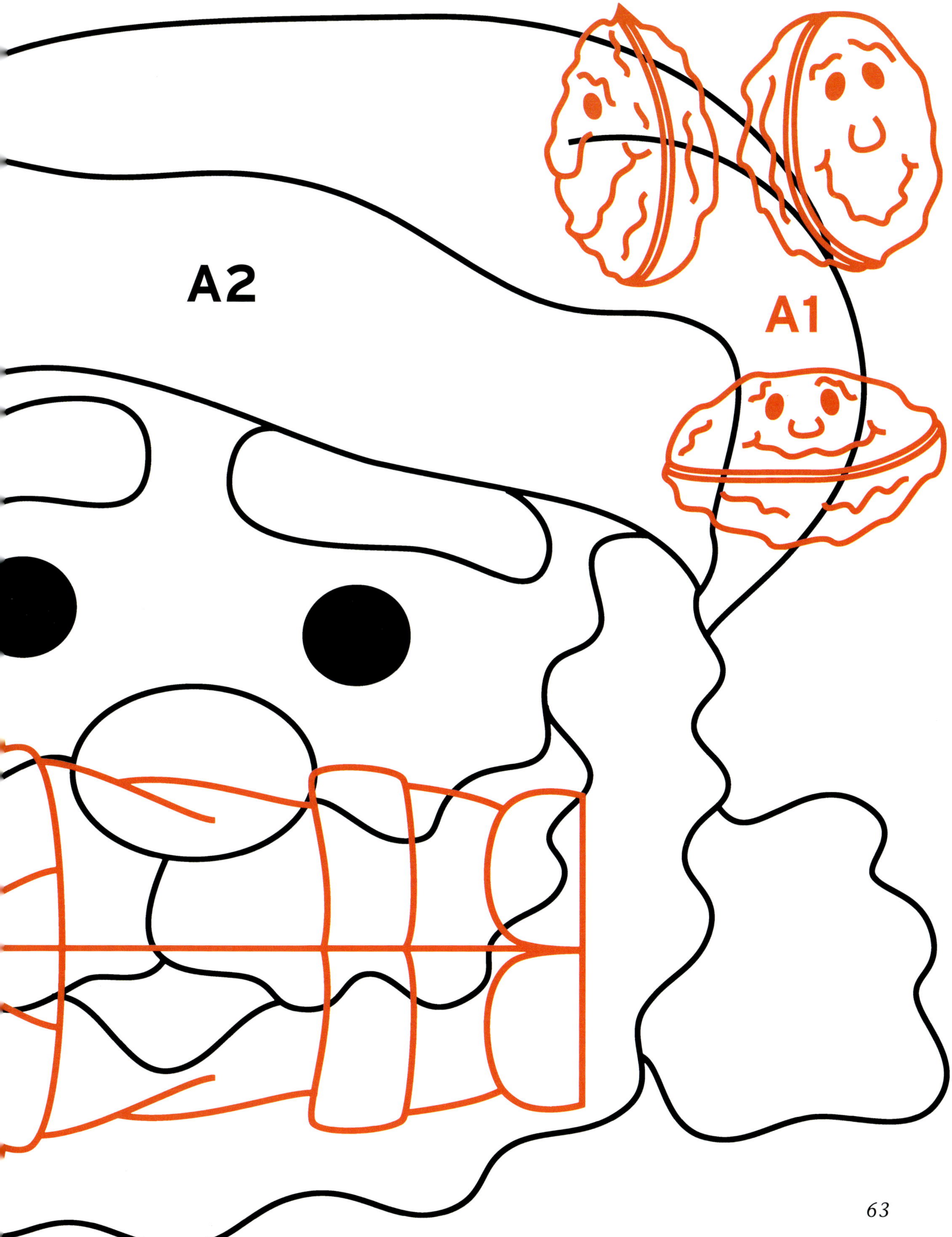
A2
A1

B1

B3
C
B2

D2

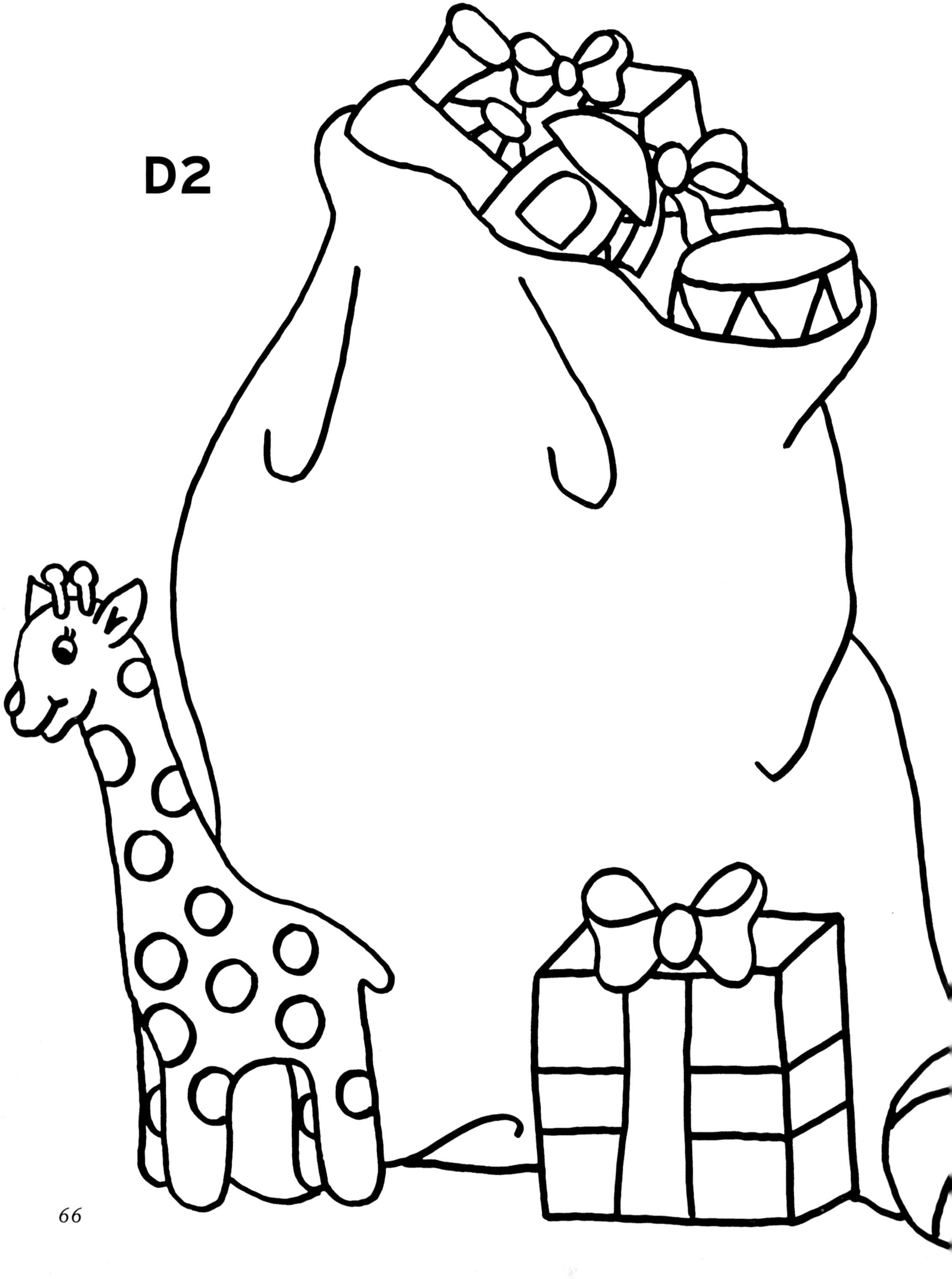

D1

E1

E3
E2

F3
F1
F4

F3
F5
F2

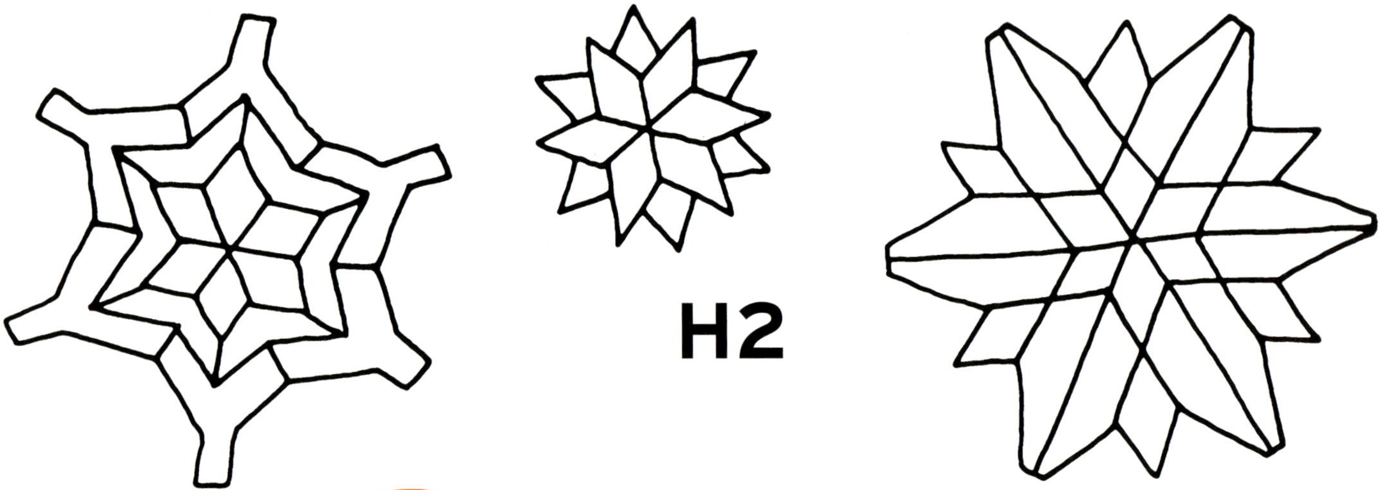

H2

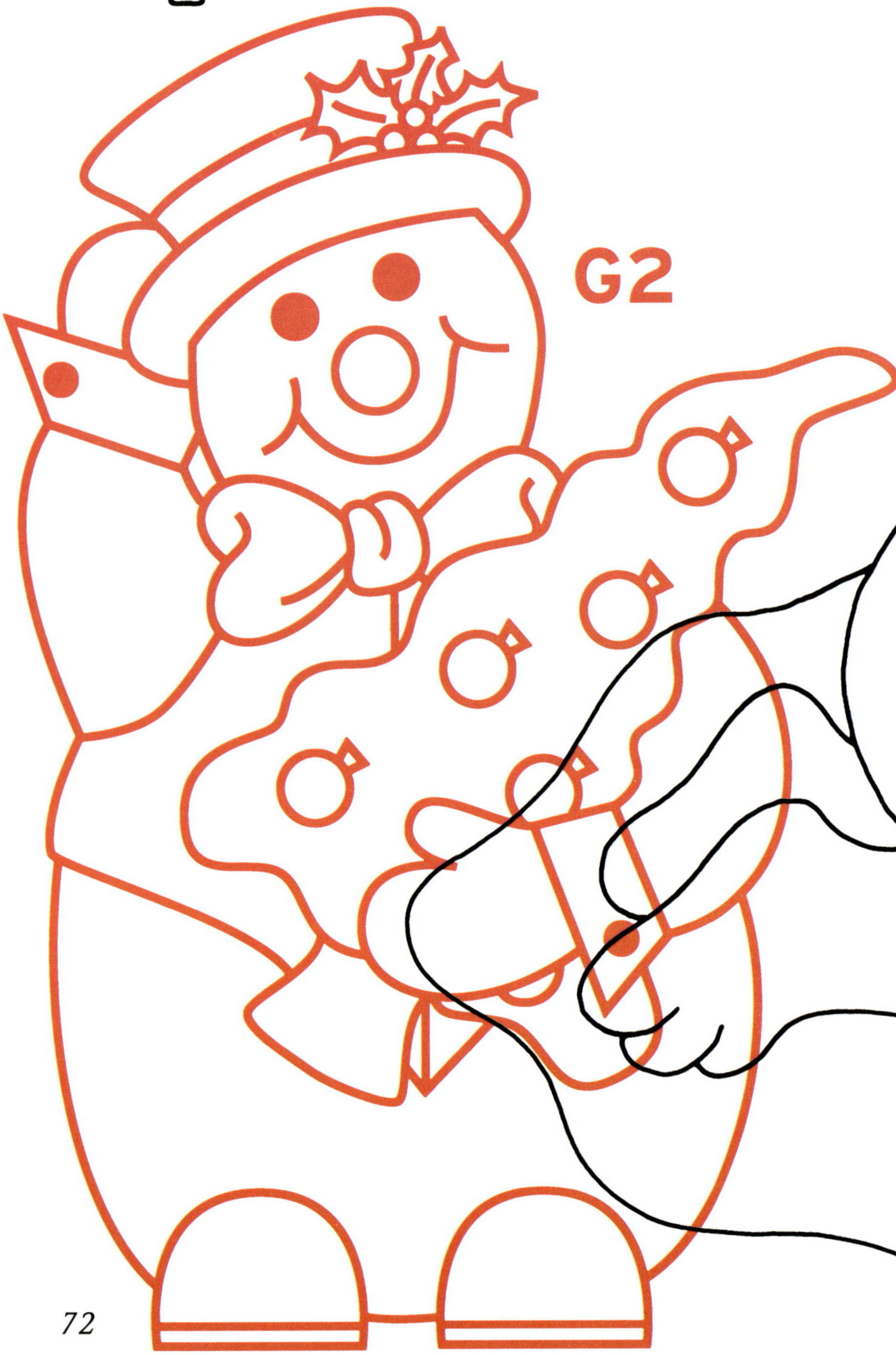

G2

H1

H2
G1

12
13
11

J1

J2

J3

L3
FROHE
WEIHNACHTEN
K2
L4

L2
K3
L1
K1

Impressum

Autorinnen

Ankje Daum, Seiten 44/45, 50/51, 54/55
Stephanie Göhr, Seiten 10 - 13, 22/23, 30/31, 52/53
Gudrun Hettinger, Seiten 14/15, 36/37, 40/41, 46/47, 56 - 59
Elke Huber, Seiten 16 - 19, 28/29, 42/43
Ingrid Moras, Seiten 20/21, 24 - 27, 32 - 35
Sybille Rogaczewski-Nogai, Seiten 60/61
Christel Vogelsang, Seiten 38/39, 48/49

Abbildungen

Roland Krieg, Seiten 12/13, 16/17, 34/35, 38 - 41, 46/47, 50/51, 56/57, 60/61
Christoph Schmotz, Seiten 10/11, 14/15, 18 - 33, 36/37, 42 - 45, 48/49, 52 - 55, 58/59

ISBN 3-419-53587-2

Lektorat: Maria Möllenkamp, Freiburg
Umschlaggestaltung und Layoutentwurf: Network!, München
Gesamtproduktion: Carsten Schorn, Merzhausen
Druck: Proost, Turnhout 2000